AF310352

SUR UNE MÉTHODE

RAPIDE ET FACILE

D'ANALYSE DU GAÏACOL

ET

DES CRÉOSOTES DU COMMERCE

PAR

ADRIAN

DIRECTEUR-FONDATEUR
DE LA SOCIÉTÉ FRANÇAISE DE PRODUITS PHARMACEUTIQUES

PARIS

TYPOGRAPHIE A. HENNUYER

RUE DARCET, 7

—

1897

SUR UNE MÉTHODE RAPIDE ET FACILE

D'ANALYSE DU GAÏACOL

ET DES CRÉOSOTES DU COMMERCE

PAR ADRIAN

DÉPOT LÉGAL
Seine
N° 12
1897

I. Considérations générales.

L'usage, en pharmacie, des produits aromatiques retirés du bois a beaucoup varié dans ces derniers temps,
et ces variations n'ont pas été sans jeter un certain
trouble dans les notions qui concernent les créosotes.
Jusqu'ici le Codex reconnaissait comme pures, ou, pour
parler plus juste, comme médicinales (attendu qu'il est
impossible de parler de pureté quand il s'agit de mélanges aussi complexes que les créosotes du commerce),
le Codex, dis-je, admettait seulement les créosotes à
point de distillation élevé et contenant par conséquent
une quantité considérable de phénols homologues supérieurs de l'acide phénique.

Peu à peu on a éliminé complètement les phénols légers, et toute créosote qui contenait de l'acide phénique
a été considérée comme incompatible avec les usages
ordinaires des préparations créosotées ; puis enfin on a
fini par attribuer d'une manière absolue au gaïacol les
propriétés favorables de ces médicaments dans le traitement de la tuberculose, et la créosote a été très dépréciée au point de vue pharmaceutique, à ce point que,
sous le nom de *gaïacol*, on met dans le commerce de
véritables créosotes dont la teneur en gaïacol pur est
souvent très faible.

Aussi, à cette heure, le gaïacol pur et cristallisé est préféré aux créosotes et, par conséquent, lorsque celles-ci sont encore employées, c'est par leur teneur en gaïacol pur qu'elles sont classées. Il y a donc un criterium pour juger facilement de leur valeur en pharmacie. Toute créosote pauvre en gaïacol et riche en phénols ou crésols devra être rejetée, tandis qu'on aura le droit de conserver, pour le traitement de la phtisie, celles qui renferment, au contraire, une grande proportion de gaïacol. C'est une question qui a son importance, attendu que le gaïacol cristallisé est un corps encore rare et, par conséquent, de prix élevé ; on a donc tendance à le remplacer par des créosotes bien rectifiées, mais encore liquides, certainement très actives et d'usage économique dans la médication des affections pulmonaires chez les malades pauvres. Mais pour être garantis contre la fraude ou l'erreur, il faut que le pharmacien ou même le médecin soient dans la possibilité d'arriver à reconnaître la composition des produits qui leur sont délivrés sous le nom de gaïacol ou de créosote.

Pendant longtemps, on s'est contenté de tenir compte du point d'ébullition de ces liquides : le Codex donne 200 à 210 degrés et indique la densité de 1,067 pour la créosote du goudron de bois. Ces données sont une très médiocre garantie, car elles ne permettent pas de se faire une idée juste de la teneur réelle en produit actif, c'est-à-dire en gaïacol.

Cette erreur était jusqu'à un certain point admissible, car on n'avait pas encore pu isoler le gaïacol pur, on ne connaissait pas ses propriétés, et l'on n'avait aucun moyen rigoureux de le doser dans les créosotes, sauf la détermination des points de distillation et l'observation de certaines réactions colorées, procédés grossiers et imparfaits.

Ce n'est que grâce aux laborieuses recherches de MM. Béhal et Choay qu'on put enfin obtenir le gaïacol

cristallisé, et c'est à ces deux chimistes qu'on doit la
première méthode d'analyse du gaïacol, méthode repo-
sant sur des bases vraiment scientifiques. A proprement
parler, cette méthode n'est pas absolument rigoureuse,
puisqu'elle fait prévoir des coefficients de pertes, mais
enfin, elle donne le moyen de calculer avec une approximation suffisante la teneur et la richesse des gaïacols
du commerce. Elle rend ainsi un immense service à tous
ceux qui s'intéressent à la question du gaïacol : elle permet de ne plus considérer comme gaïacol pur ou à
90-95 pour 100 des produits qui en contiennent à peine
40 pour 100.

Or, il était intéressant de se rendre compte, à la suite
des travaux de MM. Béhal et Choay, si la question de
purification du gaïacol avait fait des progrès, et si les
produits commerciaux vendus sous le nom de *gaïacols,*
et non plus de *créosotes,* avaient bien un titre corres-
pondant à celui qui était annoncé.

Dans ce but, nous avons fait l'analyse de plusieurs
gaïacols du commerce, en suivant la méthode de MM. Béhal et Choay et nous donnons ci-joint le résultat que
nous avons obtenu :

	Gaïacols marqués à	Trouvé à l'analyse
I...................	40 p. 100	25 p. 100
II...................	45 —	28 —
III.................	60 —	45 —
IV.................	80 —	54 —
V.................	90 —	65 —
Gaïacol pur liquide.	»	70 —

La conclusion qui s'impose à la suite des résultats
analytiques obtenus et spécifiés dans ce tableau, c'est
que la lacune sur laquelle on avait déjà attiré l'attention existe encore : les gaïacols du commerce sont souvent très impurs et contiennent à peine les deux tiers de
ce qu'ils promettent.

Cela prouve que l'on continue à évaluer les gaïacols

d'après les points de distillation, et c'est à ce procédé absolument défectueux que sont dus les écarts que nous venons de signaler.

Le procédé de MM. Béhal et Choay, basé sur la déméthylation par l'acide bromhydrique, tout en étant la meilleure méthode actuellement connue pour le dosage du gaïacol, présente cependant des inconvénients : il demande une main exercée, beaucoup de temps et une quantité notable de produits à analyser. Ce sont ces inconvénients qui font que l'industriel et le pharmacien préfèrent encore souvent l'ancienne méthode, absolument défectueuse au point de vue des résultats, comme nous venons de le voir, mais rapide et à la portée de tous.

En dehors de la méthode qui consiste à déméthyler le gaïacol pour le doser, nous avons pensé qu'il serait utile d'avoir un moyen rapide, à la portée de tous, permettant de caractériser la richesse d'un gaïacol et d'évaluer approximativement sa valeur commerciale. Nous avons cherché si, parmi les réactions du gaïacol, certaines d'entre elles pouvaient être utilisées dans ce but.

Nous avons trouvé que l'acide nitreux, employé sous certaines conditions, pouvait servir comme réactif pour l'analyse qualitative et même, dans certaines conditions, quantitative du gaïacol.

La réaction que nous proposons pour évaluer approximativement et rapidement la richesse d'un gaïacol liquide repose sur les deux observations suivantes :

1° Un gaïacol du commerce est d'autant plus soluble dans l'eau qu'il est riche en gaïacol pur.

Comme corollaire à cette observation, il s'ensuit que les autres parties constituantes du gaïacol-créosote sont moins solubles dans l'eau que le gaïacol cristallisé.

2° La solution aqueuse très étendue de gaïacol donne avec l'acide nitreux une coloration orangée très caractéristique.

II. Solubilité des créosotes et du gaïacol dans l'eau.

Prenons un gaïacol du commerce dont la teneur en gaïacol pur est de 70 à 80 pour 100 et soumettons-le à la distillation au moyen d'un bon appareil à fractionner.

Si nous séparons les diverses parties constituantes de ce gaïacol et si nous essayons d'en dissoudre dans l'eau, nous pourrons constater que les premières parties, celles qui distillent entre 200 et 205 degrés, sont plus solubles dans l'eau que celles qui distillent vers 215 degrés. Cette différence de solubilité tient évidemment à ce que les premières portions sont plus riches en gaïacol que les dernières. Cette observation nous a conduit à essayer la solubilité du gaïacol cristallisé comparativement à celle des divers gaïacols du commerce.

Dans un flacon de 200 centimètres cubes, on introduit 100 centimètres cubes d'eau distillée à 15 degrés et l'on ajoute goutte à goutte, au moyen d'une pipette, le gaïacol dont on veut connaître la solubilité. Après chaque addition, le flacon est bouché et fortement agité jusqu'à ce qu'il ne paraisse aucune tache huileuse à la surface du liquide et jusqu'à ce que le liquide, après un repos de quelques minutes, reste clair et transparent. A partir d'un certain moment, le liquide se trouble uniformément par l'addition d'une simple goutte de gaïacol : on arrête à ce moment, et l'on évalue le poids de gaïacol dissous dans l'eau.

L'essai a été fait sur huit échantillons de gaïacol de diverses provenances; le tableau suivant indique d'un côté leur richesse en gaïacol pur dosé d'après la méthode de Béhal, et, de l'autre, leur solubilité correspondante (voir page suivante).

La simple inspection des résultats fournis par ce tableau n'indique pas qu'on puisse, par la solubilité, évaluer la teneur en gaïacol pur d'une créosote officinale :

des créosotes ayant la même teneur en gaïacol ont même des solubilités légèrement différentes. Mais il ressort de cet essai que, pour des différences notables en gaïacol, la solubilité est d'autant plus grande dans l'eau que ce dernier est contenu en plus grande quantité.

DÉSIGNATION.	RICHESSE EN GAÏACOL PUR.	SOLUBILITÉ APPROXIMATIVE dans l'eau à 15°.
Gaïacol cristallisé	100	1^{gr},602
— A	65	1 ,230
— B	64	1 ,235
— C.....	64	1 ,180
— D	59	0 ,615
— E....................	50	0 ,630
— F	30	0 ,524
— G ,..	22	0 ,316

Ainsi, si nous comparons la solubilité du gaïacol pur avec les gaïacols contenant 65, 50 et 22 pour 100 en produit pur, nous trouvons comme solubilité des chiffres correspondants de moins en moins élevés.

La conclusion à tirer de ces observations peut se formuler ainsi :

Un gaïacol de bonne qualité doit se dissoudre entièrement dans une proportion d'environ 1,2 à 1,5 pour 100.

Tout gaïacol qualifié comme étant riche et qui, à la dose de 1 gramme, donne un trouble avec 100 centimètres cubes d'eau distillée doit être considéré comme suspect.

III. Action de l'acide nitreux sur le gaïacol.

L'acide nitrique du commerce donne une réaction colorée avec le gaïacol ; nous nous sommes assuré que cette coloration n'était pas due à l'action de l'acide azotique, mais bien à celle de l'acide nitreux contenu dans l'acide azotique du commerce.

Nous avons cherché à utiliser cette réaction pour comparer et évaluer approximativement la teneur en gaïacol d'une créosote quelconque :

Expérience I. — Dans un tube à essai contenant de l'eau jusqu'aux deux tiers de sa hauteur, on introduit une goutte de gaïacol pur. Après une bonne agitation, on y laisse tomber deux gouttes d'une solution de nitrite de soude, puis immédiatement après une goutte d'acide azotique. Il se manifeste immédiatement une belle couleur orange tirant légèrement sur le rouge.

Expérience II. — On répète la même expérience avec cette différence qu'au lieu de prendre du gaïacol pur on choisit une créosote totalement privée de son gaïacol au moyen d'une déméthylation par l'acide bromhydrique.

Au lieu de la belle coloration obtenue dans l'expérience I, on verra apparaître une coloration jaunâtre et trouble, toute différente de la précédente.

Expérience III. — Si, dans cette expérience, on a soin de choisir un gaïacol contenant 50 ou 90 pour 100 de gaïacol pur, la coloration rouge orange sera d'autant plus vive et d'autant plus claire que la teneur en gaïacol sera plus élevée.

La conclusion fournie par ces expériences peut être ainsi formulée :

1° L'acide nitreux en solution acide donne, avec le gaïacol, une coloration rouge orange d'autant plus nette que le gaïacol essayé contient moins de produits étrangers ; 2° les parties constituantes, outre le gaïacol, qui sont contenues dans une créosote officinale, ne donnent pas cette coloration.

IV. Application de la solubilité des gaïacols et de la réaction à l'acide nitreux pour un dosage rapide et approximatif.

En nous basant sur les essais qui viennent d'être décrits, nous opérons de la manière suivante lorsqu'il s'agit de doser d'une manière approximative la valeur d'un gaïacol ou lorsqu'il s'agit de comparer deux ou plusieurs marques :

On pèse très exactement 1 demi-gramme de chacun des gaïacols à essayer et on le dissout dans 1 litre d'eau alcoolisée par une addition de 10 centimètres cubes d'alcool. Cette addition d'alcool a pour but de faciliter la dissolution et permet de la conserver. Après agitation, la solution devient claire et transparente.

D'après ce qu'il vient d'être dit plus haut, la dissolution contiendra d'autant plus de gaïacol que ce produit sera contenu en plus grande quantité dans la créosote.

Vingt centimètres cubes de chacune des solutions ainsi préparées sont placés dans des tubes à essais bien calibrés.

D'autre part, on prépare une solution de 10 grammes de nitrite de soude dans 1 litre d'eau distillée et l'on ajoute, au moyen d'une pipette, 1 centimètre cube de la solution dans chaque tube à essai. Il ne se produit aucune coloration, mais par une addition de 1 centimètre cube d'acide azotique pur au 1/200ᵉ, on voit le liquide se colorer lentement.

Ainsi qu'il a été expliqué plus haut, la coloration rouge orange est caractéristique pour la présence du gaïacol pur.

Tout gaïacol contenant moins de 50 pour 100 donnera une coloration jaunâtre très différente de celle d'un gaïacol riche.

La méthode que nous indiquons permet donc d'apprécier en moins de quelques minutes la valeur d'un gaïacol et de le classer comme produit de bonne ou de mauvaise qualité.

Mais, si le procédé tel qu'il vient d'être expliqué ne donne pas la teneur exacte en gaïacol, il devient cependant possible de l'évaluer avec une approximation très voisine de celle donnée par la méthode de MM. Behal et Choay, lorsqu'on a soin de se munir de types de comparaison.

Dans ce but, on prépare des mélanges artificiels de gaïacol pur et de créosote de titre connu ; ces mélanges contiennent de 10 à 90 pour 100 de gaïacol. Ces gaïacols types sont préparés en suivant la méthode qui vient d'être indiquée. Les solutions se conservent longtemps sans se troubler, et elles servent en cet état de types de comparaison.

S'agit-il d'évaluer approximativement la teneur en gaïacol d'une créosote ?

On détermine d'abord dans un premier essai sa coloration pour savoir si l'on est en présence d'un gaïacol riche ou pauvre ; dans un deuxième essai on fait simultanément l'analyse avec un des types de comparaison. Il arrive un moment où les colorations comparatives sont égales en nuance et en intensité : le type de comparaison indique alors la richesse en gaïacol du produit essayé.

V. Vérification de la méthode.

Pour vérifier le procédé, nous avons fait la réaction colorée sur 6 gaïacols différents et nous les avons classés par ordre de coloration.

Nous avons ensuite dosé le gaïacol selon la méthode de Béhal :

Gaïacol... 90 p. 100   1. Rouge orange clair.
  — ... 80   2. Rouge orange (moins intense) clair.
  — ... 75   3. Un peu plus jaune que le précédent.
  — ... 60   4. Un peu plus jaune, commence à troubler.
  — ... 35   5. Rouge jaunâtre, trouble.
  — ... 20   6. Rouge plus jaunâtre, trouble.

Le tableau ci-joint indique, d'une part, les teneurs en gaïacol, et, d'autre part, les colorations correspondantes. Ainsi qu'on le voit, la classification opérée d'après l'indication de la coloration correspond bien à la richesse en gaïacol.

VI. Comparaison de plusieurs gaïacols.

La méthode que nous venons d'indiquer peut rendre service lorsqu'il s'agit de comparer deux ou plusieurs gaïacols.

Il faut avoir soin de faire les réactions toujours en même temps, afin que les résultats soient comparables. Si deux essais donnent la même coloration, on peut conclure qu'ils ont approximativement la même teneur en gaïacol : si l'un des deux est plus rouge et plus intense que l'autre, c'est l'indice qu'il est plus riche en gaïacol pur.

Lorsque l'on a un type de comparaison dont le dosage a été effectué, on pourra se rapporter à la coloration donnée par ce dernier pour savoir si le produit essayé est plus ou moins riche.

En résumé, la méthode que nous suivons pour doser le gaïacol ne peut pas être classée comme rigoureusement scientifique, mais elle donne une approximation, bien plus sûre que la distillation, et suffisante dans le plus grand nombre de cas, pour se rendre compte de la valeur commerciale d'un gaïacol.

Elle permet, en quelques instants, de comparer la richesse de deux ou de plusieurs gaïacols sans recourir à des méthodes longues, dispendieuses et demandant avant tout une main habile et exercée. Elle évitera, et cela ne sera pas un mince avantage pour le commerçant, de ne pas livrer ou accepter ces gaïacols étiquetés à 90 pour 100 de richesse, alors qu'ils n'en contiennent véritablement que 30 à 40 pour 100.

Nous estimons donc que ce procédé pourra rendre quelques services à tous ceux qui ont à s'occuper des gaïacols de commerce.

Enfin, dans bien des cas où les produits administrés aux malades sont suspectés, l'examen par cette méthode fort simple de coloration pourra permettre au médecin et au pharmacien de se rendre rapidement compte du produit employé : c'est là un résultat intéressant, attendu que jusqu'ici on ne possédait aucun moyen de contrôle rapide et facile, et force était, dans l'usage des gaïacols ou créosotes, de s'en rapporter aux renseignements fournis par le droguiste.

VII. Dosage du gaïacol par la déméthylation.

Pour obtenir les types de gaïacol qui nous servent de témoins, nous les titrons en suivant le procédé indiqué, il y a trois ans, par MM. Béhal et Choay. Ce procédé est assurément le meilleur que l'on connaisse actuellement et nous nous sommes contenté d'y apporter quelques modifications de détail, qui, à notre avis, le rendent plus pratique tout en donnant les mêmes résultats.

La méthode de MM. Béhal et Choay repose sur les trois propriétés suivantes :

1° Le gaïacol est complètement déméthylé par un courant d'acide bromhydrique gazeux et transformé en pyrocatéchine ;

2° La pyrocatéchine et l'homopyrocatéchine résultant

de la déméthylation du gaïacol ne sont pas entraînées par la vapeur d'eau, tandis que les autres parties constituantes du gaïacol du commerce sont facilement entraînées ;

3° Le benzène pur sépare en grande partie par cristallisation la pyrocatéchine de l'homopyrocatéchine.

En résumé, cette méthode consiste à faire passer de l'acide bromhydrique dans un ballon légèrement chauffé et contenant le gaïacol à analyser. Après une heure d'action, le produit est étendu d'eau et soumis à la distillation dans un courant de vapeur d'eau. Or, tandis que celle-ci entraîne certains phénols, la pyrocatéchine reste dans le ballon avec l'homopyrocatéchine. Ces deux produits sont extraits à l'éther, que l'on évapore au bain-marie : le résidu est traité par le benzène qui dissout et laisse cristalliser la pyrocatéchine à l'exclusion de l'homopyrocatéchine. Un simple calcul permet de transformer le poids de pyrocatéchine en pyrocatéchine méthylée ou gaïacol.

Nous avons répété les expériences de MM. Béhal et Choay en déméthylant non seulement du gaïacol, mais des mélanges artificiels de gaïacol et de diphénols. Tout se passe comme l'indiquent les auteurs, mais nous ne sommes pas arrivé à retrouver le gaïacol avec une aussi grande approximation que celle indiquée par eux, surtout au début de nos expériences. Un examen attentif des diverses phases de l'expérience nous a permis, plus tard, en modifiant un peu le procédé, de retrouver environ 94 à 95 pour 100 des poids théoriques des gaïacols, c'est-à-dire d'arriver à une approximation de 5 à 6 pour 100.

Voici la description du procédé que nous suivons pour doser le gaïacol dans les créosotes et les gaïacols du commerce.

On opère sur 100 grammes du produit à analyser pour atténuer dans la limite du possible les déperditions qui résultent de l'entraînement par la vapeur d'eau et de l'extraction à l'éther.

L'appareil se compose : 1° d'un flacon d'une capacité de 500 centimètres cubes, qui sert à dégager de l'acide bromhydrique ; 2° d'un dispositif ayant pour but d'éviter les absorptions ; 3° d'un flacon d'une contenance de 250 centimètres cubes, destiné à recevoir le gaïacol à analyser ; 4° d'un réfrigérant ascendant ; 5° d'un flacon laveur contenant un peu d'eau.

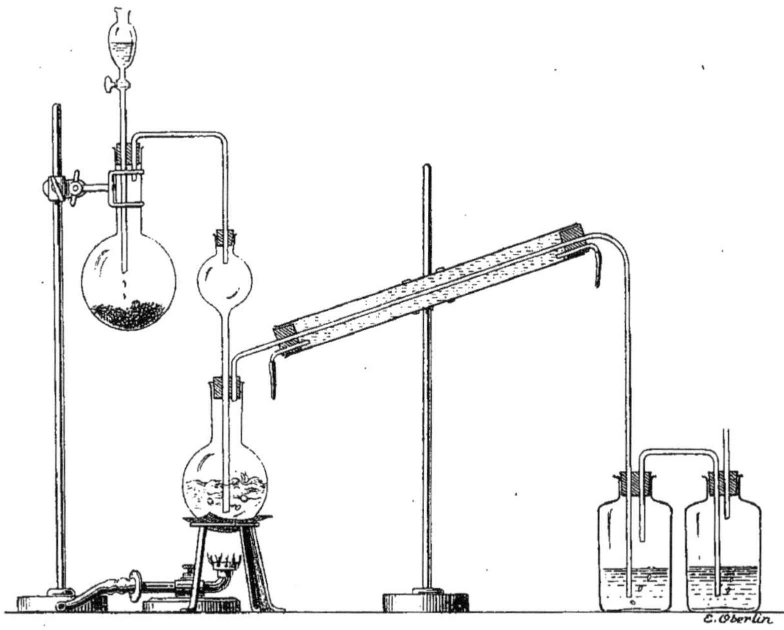

La figure ci-dessus indique la disposition de l'appareil.

Pour obtenir un dégagement bien régulier d'acide bromhydrique, on met environ 250 grammes de tribromure de phosphore dans le premier flacon. Celui-ci est muni d'un bouchon à deux tubulures ; dans l'une d'elles glisse la tige d'un entonnoir à décanter contenant de l'eau ; l'autre sert au dégagement de l'acide bromhydrique. En laissant tomber très lentement l'eau dans le ballon sur le tribromure de phosphore, l'acide bromhydrique se produit instantanément, et son dégagement est parfaitement régulier si l'on a soin de bien régler le robinet de l'entonnoir. Quand le dégagement commence à se ralentir, on chauffe très légèrement le ballon en plaçant au-dessous de lui un récipient contenant de l'eau chaude dans laquelle on le fait plonger.

L'acide bromhydrique gazeux se rend dans le ballon qui contient 100 grammes de gaïacol à analyser et 10 centimètres cubes d'eau : le tube d'adduction doit plonger jusqu'au fond de la couche de gaïacol. Entre ces deux ballons se trouve le dispositif destiné à éviter l'absorption du gaïacol dans le premier ballon. Cette précaution est justifiée par la facilité avec laquelle le gaïacol est aspiré par le récipient qui sert à produire l'acide bromhydrique, surtout lorsqu'on arrive à la fin de l'opération. Pour éviter cet inconvénient, on place un tube à boule d'une contenance d'environ 200 centimètres cubes : de cette manière, si l'absorption se produit, le gaïacol est aspiré dans cette boule et retombe de lui-même dans le flacon après l'absorption.

Nous avons observé que le courant d'acide bromhydrique gazeux entraînait toujours des portions plus ou moins grandes de gaïacol : dans certains essais, nous avons même eu des pertes notables. On évitera ce nouvel inconvénient en plaçant à la suite du ballon contenant le gaïacol un réfrigérant ascendant : le gaïacol entraîné y sera condensé et retombera dans le ballon. Malgré cette disposition, le courant d'acide bromhydrique ne doit pas être violent et, ainsi que nous l'avons dit plus haut, on doit surveiller le dégagement avec la plus grande attention.

On commence seulement à chauffer légèrement le gaïacol après une demi-heure ; à ce moment il a la couleur rouge vineuse signalée par MM. Béhal et Choay.

Si l'on a un gaïacol très pauvre, la déméthylation est terminée en moins d'une heure ; si le gaïacol est riche, on fera bien de prolonger la réaction pendant une durée totale de une heure et demie.

Le produit de la réaction est versé dans un ballon d'une contenance d'environ 1 litre et demi, et étendu de 500 à 600 centimètres cubes d'eau. Le ballon est mis en communication, d'une part, avec une source de vapeur et, d'autre part, avec un réfrigérant incliné. Le courant de vapeur d'eau entraîne les phénols volatils, tandis que les autres parties constituantes restent dans le ballon. On arrête l'opération lorsqu'il ne passe plus de liquide huileux : on doit la prolonger, ainsi que nous l'avons fait remarquer, d'autant plus longtemps que le gaïacol à analyser est plus pauvre. Pour des gaïacols d'une richesse de 70-90 pour 100, on peut arrêter la distillation lorsqu'on a obtenu un volume distillé de 3 quarts de litre.

Il s'agit maintenant d'extraire la pyrocatéchine contenue en dissolution dans le ballon en même temps que l'homopyrocatéchine. On fait trois extractions à l'éther et celui-ci est soumis à une évaporation lente dans un ballon surmonté d'un long tube.

Nous avons, en effet, observé que, par une évaporation trop rapide, on risquait d'entraîner de petites portions de pyrocatéchine. Enfin, le résidu est chauffé rapidement à la flamme pour lui faire perdre ses dernières traces d'humidité.

Pour séparer l'homopyrocatéchine de la pyrocatéchine, on emploie le benzène, ainsi que cela a été indiqué par MM. Béhal et Choay. Le benzène extrait la pyrocatéchine qui y cristallise à froid.

Nous avons fait les observations suivantes dont il est bon de tenir compte : 1° les moindres traces d'humidité sont un obstacle à la cristallisation complète de la pyrocatéchine; 2° même en se servant de benzène bien desséché, on n'obtient pas toute la pyrocatéchine dans la première cristallisation. En reprenant les eaux-mères et les concentrant après refroidissement, on pourra encore récupérer des quantités plus ou moins grandes de pyrocatéchine pouvant atteindre quelquefois 7 à 8 grammes.

En résumé, le procédé de dosage du gaïacol par la déméthylation nous a permis de doser le gaïacol avec une erreur possible de 5 à 6 pour 100 en moins.

Avant d'entreprendre une analyse définitive, on fera bien de s'entraîner sur un gaïacol dont la richesse sera connue ou sur des mélanges artificiels composés de monophénols et de gaïacol.

Nous terminerons en faisant observer que, pendant le courant de l'analyse, l'attention doit spécialement se porter sur les points suivants : 1° la régularité du dégagement de l'acide bromhydrique; 2° la dessiccation du mélange de pyrocatéchine et d'homopyrocatéchine avant la séparation par le benzène ; 3° les eaux-mères du benzène qui ont servi à l'extraction de la pyrocatéchine laissent encore déposer un peu de ce produit après concentration et refroidissement.

En employant la méthode précise que nous venons de décrire, il est possible de préparer d'avance un certain nombre de types de gaïacols et de créosotes à titre connu, soit en faisant une addition d'alcool à un gaïacol dont on a obtenu la teneur, ce qui ne change guère les résultats de la méthode colorimétrique, soit en préparant artificiellement des créosotes en mélangeant du gaïacol synthétique avec des phénols obtenus par le procédé de déméthylation que nous venons de décrire.

On établit ainsi une série de types de créosotes à titre variant de 20 à 90 pour 100, qui serviront de contrôle pour l'appréciation des teintes dans l'emploi de notre méthode colorimétrique.